Dieses Buch gehört

....

Liebe Eltern,

wir wollen Ihr Kind beim Lesenlernen unterstützen, und zwar mit Geschichten, die Spaß machen.

Unsere Bücher mit dem liebenswerten Leselöwen begleiten Ihr Kind durch die 2. Klasse. Sie enthalten Geschichten zu spannenden Themen, mit einfachen Sätzen und gut lesbarer Schrift. Viele bunte Bilder sorgen für Lesepausen und helfen, die Geschichten zu verstehen. Mit den Aufgaben zum Text kann Ihr Kind selbst prüfen, ob es den Text richtig verstanden hat. Zu den markierten Wörtern warten am Ende des Buches spannende Fakten und in unserem Onlineportal finden Sie viele weitere Extras.

So wird Ihr Sohn oder Ihre Tochter zum echten Leselöwen!

Ihr

Leselöwe

Leselöwen

HENRIETTE WICH

DIE GROSSE NINJA-PRÜFUNG

ILLUSTRIERT VON REINKI/LIPKOWSKI

Loewe

Ihre Meinung zählt!

Nehmen Sie jetzt an einer kurzen Elternbefragung des Loewe Verlags teil und beeinflussen Sie die zukünftige Entwicklung unserer Kinderbücher:

www.elternbefragung.online

Unser Kinderbuch-Newsletter bietet alle Infos zu Neuerscheinungen und tollen Veranstaltungen, exklusive Gewinnspiele und vieles mehr!

Jetzt kostenlos abonnieren: *www.loewe-verlag.de*

FSC
www.fsc.org
MIX
Papier aus verantwortungsvollen Quellen
FSC® C018236

Klimaneutral
Druckprodukt
ClimatePartner.com/18521-2202-1001

ISBN 978-3-7432-0862-9
2. Auflage 2022

Umschlag- und Innenillustrationen: Reinki / Lipkowski
Umschlaggestaltung: Kathrin Tobian
Vignetten Leselöwe: Angelika Stubner
Printed in the EU

www.leseloewen.de

INHALT

DIE GROSSE PRÜFUNG 8

ALLEIN IM WALD 20

BESTENS GETARNT 32

DIE NACHT DER WAHRHEIT 43

DIE GROSSE PRÜFUNG

NOCH IST ES DUNKEL
IM DORF DER **NINJAS**.
NEBEL LIEGT ÜBER DEN **REISFELDERN**
UND ALLE SCHÜLER SCHLAFEN.
NEIN, NICHT ALLE: TORU IST WACH.
LEISE STEHT ER AUF UND GEHT
DURCH TAUFEUCHTES GRAS ZUM SEE.

DREI JAHRE HAT TORU
BEI MEISTER MIKU GELERNT.
HEUTE DÜRFEN ALLE DEM FÜRSTEN
ZEIGEN, WAS SIE KÖNNEN.
TORU TAUCHT IN DEN KALTEN SEE.
JETZT FÜHLT ER SICH STARK.

PLÖTZLICH SIEHT TORU
EINE FACKEL AM UFER.
„SPUTE DICH!“, RUFT AKANE,
SEINE GROSSE SCHWESTER.
„FÜRST RAI HAT SCHLECHT GESCHLAFEN
UND WILL NICHT LÄNGER WARTEN.“

WIE PFEILE FLIEGEN DIE BEIDEN
ZURÜCK ZUM DORF.
MEISTER MIKU SIEHT TORU STRENG AN:
„ZIEH DICH RASCH UM.
UND MACH HEUTE KEINE FEHLER!“
TORU NICKT. „JA, MEISTER.“

DIE SCHÜLER GEHEN ZUM KAMPFPLATZ.
SIE VERBEUGEN SICH
VOR DEM FÜRSTEN, DEN GÄSTEN
UND DEM HOFNARREN HOKAN.
FÜRST RAI POLTERT: „NA, LOS!
BRINGEN WIR ES HINTER UNS."
EIN FEIERLICHER GONG ERTÖNT.

AKANE HAT SO VIEL FEUER IN SICH!

SIE SIEGT BEIM STOCKKAMPF.

YOSHI TRIFFT MIT DEM PFEIL

INS SCHWARZE.

UND KATSU KLETTERT AM SCHNELLSTEN.

DANN SOLL TORU DAS SEIL WERFEN.

MEISTER MIKU SAGT
STOLZ ZU SEINEN SCHÜLERN:
„JETZT SEID IHR NINJAS.
ERWEIST EUCH DIESER EHRE WÜRDIG.
TORU, DU HAST DIE PRÜFUNG
LEIDER NICHT BESTANDEN.“
TORU IST TIEF GETROFFEN.

„GEH IN DIE KÜCHE!“,

BEFIEHLT MEISTER MIKU.

„AB SOFORT KOCHST DU FÜR UNS.“

AKANE BRENNT VOR WUT.

„DAS IST UNGERECHT!“

DOCH DER MEISTER SAGT RUHIG:

„DABEI BLEIBT ES.“

ALLEIN IM WALD

ALSO KOCHT TORU FÜR SEINE FREUNDE
UND BACKT LECKERE **NINJA-KEKSE**.
ER FEIERT SOGAR EIN BISSCHEN MIT.
AKANE WILL IHN AUFMUNTERN.
„KOPF HOCH!“, TRÖSTET SIE.
ABER TORU IST TIEFTRAURIG.
ER SCHÄMT SICH SCHRECKLICH.

VON TAG ZU TAG

WIRD TORU VERZWEIFELTER.

EINES NACHTS STEHT ER HEIMLICH AUF

UND SCHREIBT EINEN BRIEF AN AKANE.

DANN PACKT ER SEINE SACHEN

UND SCHLEICHT SICH AUS DEM DORF.

TORU GEHT IN DEN WALD HINEIN.
DORT IST ES DUNKEL UND KALT.
DIE BÄUME ÄCHZEN IM WIND.
UNSICHTBARE VÖGEL KRÄCHZEN.
TORU HAT ANGST UND LÄUFT SCHNELLER.

ALS DER MORGEN GRAUT,
SCHLÄFT ER KURZ IN EINER HÖHLE.
DANACH ISST ER EIN PAAR PILZE
UND ÜBT DAS SEILWERFEN.
VIELLEICHT KANN ER JA WOANDERS
DOCH NOCH NINJA WERDEN?

TORU FASST NEUEN MUT.
ER RENNT, SO SCHNELL ER KANN.
ER KLETTERT AUF JEDEN BAUM.
BALD IST ER VÖLLIG ERSCHÖPFT.
TORU SETZT SICH AN EINEN BACH.
ER LÖSCHT SEINEN DURST UND HÖRT,
WIE DAS WASSER RAUSCHT.

DA SPRICHT DER BACH ZU IHM:
„KEHR UM, TORU,
ANFÜHRER DER NINJAS!“
TORU KANN ES NICHT GLAUBEN.
ER ALS ANFÜHRER DER NINJAS?

DIE STIMME LÄSST TORU NICHT LOS.

ER LÄUFT ZURÜCK INS DORF.

AUF DER WIESE RENNEN DIE NINJAS

PANISCH HIN UND HER.

„WAS IST PASSIERT?“, FRAGT TORU.

AKANE FÄLLT IHM UM DEN HALS.

„DU HAST MIR SO GEFEHLT!“, SAGT SIE.
„STELL DIR VOR: HOKAN HAT
DEN WACHEN GOLD GEGEBEN, DAMIT SIE
MEISTER MIKU IN DEN KERKER WERFEN.“
KATSU NICKT GRIMMIG.
„HOKAN IST EIFERSÜCHTIG,
WEIL MIKU BELIEBTER IST ALS ER.“

AKANE BALLT IHRE FÄUSTE.

„WIR BEFREIEN UNSEREN MEISTER!“

YOSHI UND KATSU SIND SOFORT DABEI.

SIE WOLLEN DIE BURG STÜRMEN

UND DIE WACHEN BESIEGEN.

„HALT, WARTET!“, RUFT TORU.

ER ERINNERT SEINE FREUNDE DARAN,

WAS DER MEISTER IMMER GESAGT HAT:

„DER BESTE KAMPF IST DER,

DER NICHT GEKÄMPFT WERDEN MUSS.“

AKANE STÖHNT. „JA, DAS STIMMT.
WIR BRAUCHEN EINEN PLAN.“
TORU NICKT. „UND WIR MÜSSEN
EINEN GÜNSTIGEN TAG ABWARTEN.“
ALLE DENKEN ANGESTRENGT NACH.
PLÖTZLICH GRINST TORU. „ICH HAB’S!“

DREI TAGE SPÄTER
VERKÜNDET EIN DIENER:
„FÜRST RAI GIBT EIN GROSSES FEST.
DER KOCH SOLL
EIN FESTESSEN ZUBEREITEN
UND HOKAN DIE GÄSTE UNTERHALTEN.“

BESTENS GETARNT

DER MOND HÄNGT WIE EINE LATERNE
ÜBER DER BURG.
GLÜHWÜRMCHEN SAUSEN
DURCH DIE NACHT.
AUS DEM KÜCHENFENSTER
DUFTET ES NACH JASMINTEE
UND GEBRATENEM REIS.

TORU SCHLEICHT
IM DUNKLEN **TARNANZUG**
ÜBER DIE WIESE ZUM WASSERGRABEN.
LEISE HOLT ER EINEN STOCK HERAUS,
MACHT IHN LANG UND LEGT IHN
ÜBER DEN GRABEN.
JETZT KANN ER ÜBERS WASSER GEHEN!

NUN DAS SEIL MIT DEM HAKEN.
ZWEIMAL WIRFT TORU DAS SEIL
UMSONST HOCH.
ENDLICH VERKEILT SICH DER HAKEN
OBEN AN DER BURGMAUER.
TORU IST SEHR STOLZ.

ER KLETTERT AM SEIL HOCH.
ER MUSS GANZ LEISE SEIN.
GESCHAFFT! TORU IST OBEN
UND ROLLT DAS SEIL EIN.
WIE EIN SCHATTEN
HUSCHT ER ZUR KÜCHE.

TORU LUGT DURCHS OFFENE FENSTER.

DER KOCH STEHT AM HERD

UND RÜHRT IN SEINEN TÖPFEN.

ER PFEIFT VERGNÜGT VOR SICH HIN.

LEISE KLETTERT TORU DURCHS FENSTER.

PLÖTZLICH DREHT DER KOCH SICH UM.

ERST REISST ER DIE AUGEN AUF.

DANN DROHT ER TORU

MIT DEM KOCHLÖFFEL:

„HAB DICH GLEICH!"

AUF EINMAL SAUST EIN **WURFSTERN**

HAARSCHARF AM KOCH VORBEI.

„PLATSCH!“ DER STERN LANDET
IM GROSSEN TOPF. DIE SUPPE SPRITZT.
„MEINE SCHÜRZE!“, BRÜLLT DER KOCH.
BEVOR ER BIS DREI ZÄHLEN KANN,
HAT AKANE IHN SCHON GEFESSELT.
TORU GRINST. „SAUBERE ARBEIT!“

AKANE BRINGT DEN KOCH
IN DIE SPEISEKAMMER.
VON DRAUSSEN NÄHERN SICH SCHRITTE.
TORU SETZT EINE KOCHMÜTZE AUF
UND STELLT SICH AN DEN HERD.

DANN GEHT DIE TÜR AUF.
HOKAN SCHAUT HEREIN UND
SCHNAUZT: „DER FÜRST HAT HUNGER!
WANN GIBT ES WAS ZU ESSEN?“

TORU LÄCHELT. „ALLES IST FERTIG.“
HOKAN SIEHT TORU SCHARF AN.
„WARUM GRINST DER DENN SO?“,
MURMELT HOKAN UND VERSCHWINDET.

„IST ER WEG?“, FLÜSTERT AKANE
DURCH DAS KLEINE FENSTER
DER SPEISEKAMMER.
„JA“, SAGT TORU.
„DIE LUFT IST REIN.“

DIE NACHT DER WAHRHEIT

DIE GESCHWISTER HUSCHEN
ÜBER GÄNGE UND TREPPEN.
IMMER TIEFER DRINGEN SIE
IN DIE BURG VOR.
EINE RATTE FLITZT VORBEI.
„PST!“, MACHT AKANE.

IM GANG WEITER VORNE
SITZEN ZWEI WACHEN.
HINTER DER TÜR MUSS
MEISTER MIKU SEIN.
TORU DENKT: „WER SICH
ZU SICHER FÜHLT, VERLIERT!“

TORUS KÖRPER VERSCHMILZT
FAST MIT DER WAND.
MUTIG SCHLEICHT ER VORWÄRTS.
PLÖTZLICH SPRINGEN DIE WACHEN
VON IHREN STÜHLEN HOCH.
„PASS AUF!“, ZISCHT AKANE.

TORU HOLT SEINE GEHEIMWAFFE HERVOR:

EIN UNSCHEINBARES EI.

ER ZERDRÜCKT ES UND SCHLEUDERT ES

EINEM DER MÄNNER INS GESICHT.

EINE WOLKE AUS MEHL, REIS UND KOHLE

VERKLEBT SEIN GESICHT.

DER MANN REIBT SICH DIE AUGEN.
ER SCHIMPFT UND FLUCHT.
AKANE ZIELT MIT DEM STOCK
AUF SEINE KNIEKEHLEN.
ER FÄLLT AUF DEN ANDEREN MANN
UND BEIDE GEHEN POLTERND ZU BODEN.
TORU MUSS SIE NUR NOCH FESSELN.

„WO IST DER SCHLÜSSEL?“,
FRAGT AKANE.
„DEN HAT DER FÜRST“,
BEHAUPTEN DIE MÄNNER.
„AUCH DAS NOCH!“, STÖHNT TORU
UND TRITT DIE HOLZTÜR EIN.
MEISTER MIKU IST SO FROH!

ZU DRITT LAUFEN SIE
ZURÜCK DURCH DIE GÄNGE.
DOCH IRGENDWO MÜSSEN SIE
FALSCH ABGEBOGEN SEIN.
DENN AUF EINMAL SPÜRT TORU
ETWAS WEICHES.

„WAS IST LOS?“, FLÜSTERT AKANE.

PLÖTZLICH RAUSCHT EIN VORHANG HOCH.

TORU, AKANE UND MIKU WERDEN

VON HELLEM LICHT GEBLENDET.

SIE STEHEN MITTEN IM SPEISESAAL!

„AAAAH!“, STAUNEN DIE GÄSTE.
FÜRST RAI FRAGT VERWUNDERT:
„WAS MACHT *IHR* DENN HIER?“
TORU UND AKANE NEHMEN
IHRE MASKEN AB.

AKANE TRITT MUTIG VOR UND SAGT:
„WIR HABEN MEISTER MIKU
AUS DEM KERKER BEFREIT."
DER FÜRST WIRD ZORNIG.
„WER HAT ES GEWAGT,
DEN MEISTER EINZUSPERREN?"

HOKAN WILL SCHNELL ABHAUEN,
ABER TORU STELLT IHM EIN BEIN.
„IN DEN KERKER MIT HOKAN!“,
BEFIEHLT FÜRST RAI.
DIE WACHEN FÜHREN HOKAN AB.
UND MEISTER MIKU SAGT ZU TORU:
„NUN BIST DU AUCH EIN NINJA!“

Fragen und Antworten

1. **Wer macht die Ninja-Prüfung? Finde die vier Namen im Buchstabengitter.**

Z	K	A	T	S	U
A	N	E	Y	U	W
K	K	T	O	R	U
A	I	N	S	A	R
N	S	U	H	O	I
E	C	B	I	L	K

Antwort: Katsu, Akane, Toru, Yoshi

2. **Wie viele Jahre hat Toru für die Prüfung gelernt? Rechne aus.**

20-18=

20+16=

20-17=

Antwort: 20-17=3 Jahre

3. In welcher Disziplin ist Akane am besten? Kreise ein.

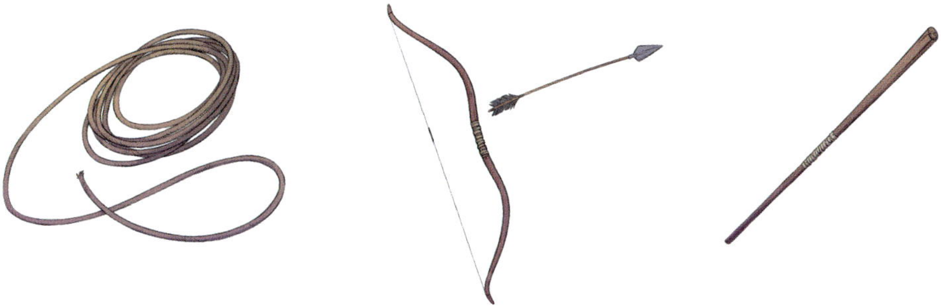

Antwort: Stockkampf

4. Wie geht der Witz von Hofnarr Hokan weiter? Kreuze an.

Was ist ein ratloser Kämpfer?

- ☐ Ein Naja.
- ☐ Ein Nunja.
- ☐ Ein Nunein.

Antwort: Ein Nunja.

5. Lies genau in Spiegelschrift. Wer besteht die Ninja-Prüfung nicht? Kreuze an.

- ☐ Miku
- ☐ Yoshi
- ☐ Toru

Antwort: Toru

Schon gewusst?

Ninjas (Seite 8):

Ninjas gab es wirklich. Vor rund 500 Jahren waren sie Geheimkämpfer in Japan. Sie arbeiteten als Spione, bewachten das Land für die Fürsten, berieten sie im Krieg und führten auch Attentate aus. Ninjas waren hervorragende Kämpfer. Sie hatten viele Geheimwaffen und kannten tolle Tricks, um über Mauern zu klettern oder Flüsse zu überqueren.

Reisfelder (Seite 8):

Ninjadörfer waren gut gesichert. Sie waren umgeben von einer dicken Mauer. Drum herum lagen Reisfelder, die wie ein Labyrinth angeordnet waren. So konnten Feinde nicht so leicht zum Dorf gelangen.

Ninja-Kekse (Seite 20):

Die Kekse der Ninjas heißen Katayaki. Sie sind sehr nahrhaft, haltbar und meist rund. Die Ninjas hatten sie auf Reisen immer dabei. Sie sind noch heute sehr beliebt, vor allem in der japanischen Stadt Iga, wo viele Ninjas zu Hause waren.

Tarnanzug (Seite 33):

Ninjas waren Meister der Tarnung und konnten sich gut anschleichen. In Filmen sieht man sie in schwarzen Tarnanzügen. Im Krieg trugen sie aber auch Rüstungen wie andere Kämpfer.

Wurfstern (Seite 37):

Wurfsterne sind die bekannteste Waffe der Ninjas. Auf Japanisch heißen sie Shuriken, das bedeutet „versteckte Klinge".

Blättere schnell um und trage die roten Buchstaben in der richtigen Reihenfolge in die Kästchen ein!

Henriette Wich, 1970 in Landshut geboren, hat zahlreiche Kinder- und Jugendbücher geschrieben, darunter viele Krimis der erfolgreichen Reihe *Die drei !!!*. Henriette Wich lebt mit ihrer Familie in München.

Kaja Reinki und **Ron Lipkowski** leben in Berlin. Zusammen, aber auch jeweils allein, arbeiten sie als Illustratoren an Kinderbüchern, Videospielen, interaktiven Apps, Comics und vielen anderen Dingen, die sie auch schon früher cool fanden. Wenn Kaja mal nicht arbeitet, zeichnet sie trotzdem oder bastelt Schmuck, spielt Videospiele, näht etwas, backt oder kümmert sich um ihre Pflanzen. Wenn Ron mal nicht arbeitet, liegt er am liebsten faul rum.

Das Leselöwen-Lösungswort

Besuche den Leselöwen auf
www.leseloewen.de und trage
die farbigen Buchstaben
von der Seite *Schon gewusst?*
in der richtigen Reihenfolge
in die magische Box ein.

Wenn du das Lösungswort
gefunden hast, kommst du
auf die geheime Seite mit vielen
weiteren Spielen und Rätseln!

Der **Leselöwe** freut sich auf dich!